O LIVRO DA GRATIDÃO DO
HO'OPONOPONO

MAHALO

JULIANA DE' CARLI

O LIVRO DA GRATIDÃO DO
HO'OPONOPONO

MAHALO

NOVA SENDA

O LIVRO DA GRATIDÃO DO HO'OPONOPONO
Copyright© Editora Nova Senda

Revisão: Luciana Papale
Diagramação e capa: Décio Lopes
1ª impressão | 2019

DADOS DE CATALOGAÇÃO DA PUBLICAÇÃO

O Livro da Gratidão do Ho'oponopono/Juliana De' Carli – 1ª edição – São Paulo – Editora Nova Senda, 2019.

ISBN 978-85-66819-30-4

1. Diário 2. Ho'oponopono I. Título.

Proibida a reprodução total ou parcial desta obra, de qualquer forma ou por qualquer meio, seja eletrônico ou mecânico, inclusive por meio de processos xerográficos, incluindo ainda o uso da internet sem a permissão expressa da Editora Nova Senda, na pessoa de seu editor (Lei nº 9.610, de 19.02.1998).

Direitos exclusivos reservados para Editora Nova Senda.

EDITORA NOVA SENDA
Rua Jaboticabal, 698 – Vila Bertioga – São Paulo/SP
CEP 03188-001 | Tel. 11 2609-5787
contato@novasenda.com.br | www.novasenda.com.br

INTRODUÇÃO

Palavras de gratidão são doces de se escutar e difíceis de pronunciar; são como joias raras que não estamos acostumados a usar.

Há alguns anos vivencio a filosofia do Ho'oponopono com forte influência direta sobre a minha vida, o que me fez aprofundar mais nos estudos, escrever livros e a ensinar sobre o assunto, levando esse conhecimento para muitas pessoas. O perdão, o amor e a gratidão são a base da cura da humanidade, para que isso aconteça é necessário mais humildade e menos ego, mais aceitação e menos julgamento e muito mais reconhecimento de si mesmo e do outro.

De um tempo para cá venho experienciando estes três poderes em separado: amor, perdão e gratidão. Há momentos em que me conecto mais intensamente com o perdão, deixando para agradecer ao final do trabalho. Cheguei a ter experiências com o perdão que nunca imaginei que um dia fosse capaz, mal sabia eu da possibilidade de tal vivência e do significado que ela tinha; descobri tudo isso durante a minha própria experiência. Com tudo que vivenciei e com aquilo que vi, posso afirmar hoje, sem dúvidas, que o Ho' oponopono é uma das curas da humanidade.

Em outras ocasiões, conecto-me mais com o sentimento do amor, tudo depende da demanda do momento, do que estou sentindo ou do que está acontecendo. Quando escolho convidar o amor para transmutar algo, consigo mudar comportamentos ou maneiras de interpretação e de percepção, fortalecendo, assim, a compaixão, e com isso, consigo mudar o rumo das coisas. A continuação de determinada situação, nesses casos, se dá nitidamente de maneira mais feliz.

Diariamente, venho me conectando com a força da gratidão. Esse trabalho ganhou uma dimensão infinitamente maior quando meu pai, Johnny De' Carli, presenteou-me com seu *Livro da Gratidão do Reiki*. Foi quando passei a escrever tudo o que eu gostaria de agradecer nos meus dias e a reconhecer coisas que antes passariam despercebidas ou como algo natural. Desde então, passei também a dar mais valor a cada momento, às partilhas, ao investimento do meu tempo, às conquistas intelectuais, emocionais e materiais, ao meu desenvolvimento no esporte, ou com a minha saúde, e passei a valorizar mais a minha paz, a harmonia e aquele dia tranquilo em família. Meu pai então me sugeriu desenvolver o *Livro da Gratidão do Ho'oponopono*; depois de praticar, senti que era isso mesmo que eu deveria fazer.

Gerar sentimentos de gratidão ativa o sistema de recompensa do cérebro, o núcleo accumbens, que é o sistema responsável pelo prazer e pela sensação de bem-estar, traz satisfação e melhora a autoestima. Para que você sinta gratidão é importante que pense nela, caso contrário, continuará dia após dia se esquecendo de agradecer. Este livro vai auxiliá-lo como uma âncora, proporcinando maior facilidade para esta prática ser consistente.

Quando agradecemos, reconhecemos que algo chegou até nós, podendo vir de uma ajuda de alguém, um presente ou uma conquista. Ao reconhecer, você envia energia de volta à fonte provedora. Devemos nos lembrar, no entanto, de que, apesar de alguém ser o canal para recebermos algo, a verdadeira Fonte é sempre a Fonte Divina. Agradecer é como retornar um pouco da Luz que chega até você, independentemente do que e de como chegou. Este retorno da Luz estabelece um fluxo energético com a Fonte, permitindo que a abundância flua na nossa vida. Esta energia do Universo é de alta frequência e nos auxilia a sair das emoções e dos sentimentos tóxicos de baixa frequência rapidamente, experimente.

Pessoas que expressam gratidão apresentam emoções positivas, otimismo, vitalidade e satisfação com a vida. Por outra via, a neural, a gratidão também estimula a produção de ocitocina, que estimula o afeto, traz tranquilidade, reduz a ansiedade, o medo e a fobia. A ocitocina é produzida em uma região do cérebro chamada hipotálamo, que liga o sistema nervoso ao sistema endócrino por uma glândula chamada pituitária, que libera ocitocina para a corrente sanguínea. Com isso, exercitar o sentimento de gratidão dissolve angústias, raivas, medos ficando bem mais fácil de controlar estados mentais tóxicos e desnecessários. Nosso cérebro não é capaz de sentir infelicidade e gratidão ao mesmo tempo, assim como é incapaz de sentir medo e amor concomitantemente.

Portanto, independentemente da sua situação atual física, material, emocional, psíquica ou espiritual, procure perceber e reconhecer o que tem hoje, seus dons, suas bênçãos, e agradeça. Fazendo o exercício do livro regularmente, você vai perceber que agradecer e retornar energia vai fluir com mais facilidade, dia após dia, e assim, a gratidão se tornará presente em sua vida. Ser grato o fará sentir prazer e felicidade com o essencial, além de entrar em contato com o fluxo de abundância do Universo.

Comece seu dia agradecendo. Preencha sua energia com sentimentos positivos, faça afirmações positivas para seu dia e isso vai fazer com que supere os obstáculos que encontrar em seu caminho, contribuindo para que suas metas e suas conquistas sejam alcançadas mais facilmente. Ao fim do dia, faça o exercício deste livro.

- Perceba o que pode aperfeiçoar e desapegar e trabalhe com o PERDÃO.
- Perceba o que pode valorizar e curar e vibre AMOR.
- Perceba o que pode valorizar e reconhecer e pratique a GRATIDÃO!

Este trabalho promove purificação, correção da alma e facilita sua missão. Além disso, vibrar no amor e na gratidão elevará a sua energia e, consequentemente, sua vida. A felicidade está na essência dos acontecimentos.

Só por hoje agradeça.

Juliana De' Carli

JANEIRO
OLHE COM OS OLHOS DA GRATIDÃO

Pense em quantas coisas boas você já viveu na sua vida. Somos melhores por conta de todas as experiências que vivenciamos, as boas e as ruins. Os desafios servem para nos tornarmos ainda maior e melhor, já percebeu? Desafios são oportunidades de cura e de crescimento. Procure agradecer todos os dias! A vida é maravilhosa! Expanda a sua visão, traga leveza para sua vida, mantenha um sorriso no rosto, isso lhe deixa mais bonito(a) e muda sua energia. Pulse o amor e a gratidão do seu coração. E, independentemente do que estiver passando, seja sempre grato(a).

SOU GRATO(a) por tudo o que a vida proporcionou até hoje para mim.

O Universo doa em abundância quando você adota uma atitude de gratidão.

Johnny De' Carli

1 DE JANEIRO

eu me sinto grato por

_____
_____
_____
_____
_____
_____
_____

2 DE JANEIRO

eu me sinto grato por

_____
_____
_____
_____
_____
_____
_____

3 DE JANEIRO

eu me sinto grato por

_____
_____
_____
_____
_____
_____

4 DE JANEIRO

eu me sinto grato por

_____
_____
_____
_____
_____
_____

5 DE JANEIRO

eu me sinto grato por

_____
_____
_____
_____
_____
_____
_____

6 DE JANEIRO

eu me sinto grato por

_____
_____
_____
_____
_____
_____
_____

7 DE JANEIRO

eu me sinto grato por

___
___
___
___
___
___
___

8 DE JANEIRO

eu me sinto grato por

___
___
___
___
___
___
___

9 DE JANEIRO

eu me sinto grato por

---

10 DE JANEIRO

eu me sinto grato por

---

11 DE JANEIRO

eu me sinto grato por

_____
_____
_____
_____
_____
_____
_____

12 DE JANEIRO

eu me sinto grato por

_____
_____
_____
_____
_____
_____
_____

13 DE JANEIRO

eu me sinto grato por

_____
_____
_____
_____
_____
_____
_____
_____

14 DE JANEIRO

eu me sinto grato por

_____
_____
_____
_____
_____
_____
_____
_____

15 DE JANEIRO

eu me sinto grato por

_____
_____
_____
_____
_____
_____
_____

16 DE JANEIRO

eu me sinto grato por

_____
_____
_____
_____
_____
_____
_____

17 DE JANEIRO

eu me sinto grato por

_____
_____
_____
_____
_____
_____
_____

18 DE JANEIRO

eu me sinto grato por

_____
_____
_____
_____
_____
_____
_____

19 DE JANEIRO

eu me sinto grato por

_____
_____
_____
_____
_____
_____
_____

20 DE JANEIRO

eu me sinto grato por

_____
_____
_____
_____
_____
_____
_____

21 DE JANEIRO

eu me sinto grato por

_____
_____
_____
_____
_____
_____
_____
_____

22 DE JANEIRO

eu me sinto grato por

_____
_____
_____
_____
_____
_____
_____
_____

23 DE JANEIRO

eu me sinto grato por

_____
_____
_____
_____
_____
_____
_____

24 DE JANEIRO

eu me sinto grato por

_____
_____
_____
_____
_____
_____
_____

25 DE JANEIRO

eu me sinto grato por

_____
_____
_____
_____
_____
_____
_____

26 DE JANEIRO

eu me sinto grato por

_____
_____
_____
_____
_____
_____
_____

27 DE JANEIRO

eu me sinto grato por

_____
_____
_____
_____
_____
_____
_____

28 DE JANEIRO

eu me sinto grato por

_____
_____
_____
_____
_____
_____
_____

29 DE JANEIRO

eu me sinto grato por

___
___
___
___
___
___
___

30 DE JANEIRO

eu me sinto grato por

___
___
___
___
___
___
___

eu me sinto grato por

___
___
___
___
___
___
___

FEVEREIRO
CRIE A SUA VIDA CONFORME QUER SENTI-LA

Você pode simplesmente falar a palavra gratidão e não perceber nada. Ou pode entrar em contato com ela com todo o seu sentimento. Feche os olhos, respire profunda e lentamente algumas vezes. Busque se conectar com seu coração e pulsar a partir dele um sentimento de reconhecimento por algo. A força dessa palavra vai se multiplicar se você fizer isso por alguns instantes.

*Gratidão é um sentimento de reconhecimento
que vibra a partir do nosso coração.*

Juliana De' Carli

1 DE FEVEREIRO

eu me sinto grato por

___
___
___
___
___
___
___

2 DE FEVEREIRO

eu me sinto grato por

___
___
___
___
___
___
___

3 DE FEVEREIRO

eu me sinto grato por

_____
_____
_____
_____
_____
_____
_____

4 DE FEVEREIRO

eu me sinto grato por

_____
_____
_____
_____
_____
_____
_____

5 DE FEVEREIRO

eu me sinto grato por

___

6 DE FEVEREIRO

eu me sinto grato por

___

7 DE FEVEREIRO

eu me sinto grato por

___
___
___
___
___
___
___

8 DE FEVEREIRO

eu me sinto grato por

___
___
___
___
___
___
___

9 DE FEVEREIRO

eu me sinto grato por

___

10 DE FEVEREIRO

eu me sinto grato por

___

11 DE FEVEREIRO

eu me sinto grato por

_____
_____
_____
_____
_____
_____
_____

12 DE FEVEREIRO

eu me sinto grato por

_____
_____
_____
_____
_____
_____
_____

13 DE FEVEREIRO

eu me sinto grato por

___
___
___
___
___
___
___

14 DE FEVEREIRO

eu me sinto grato por

___
___
___
___
___
___
___

15 DE FEVEREIRO

eu me sinto grato por

_____
_____
_____
_____
_____
_____
_____

16 DE FEVEREIRO

eu me sinto grato por

_____
_____
_____
_____
_____
_____
_____

17 DE FEVEREIRO

eu me sinto grato por

_____
_____
_____
_____
_____
_____
_____

18 DE FEVEREIRO

eu me sinto grato por

_____
_____
_____
_____
_____
_____
_____

19 DE FEVEREIRO

eu me sinto grato por

_____
_____
_____
_____
_____
_____
_____

20 DE FEVEREIRO

eu me sinto grato por

_____
_____
_____
_____
_____
_____
_____

21 DE FEVEREIRO

eu me sinto grato por

___
___
___
___
___
___
___

22 DE FEVEREIRO

eu me sinto grato por

___
___
___
___
___
___
___

23 DE FEVEREIRO

eu me sinto grato por

_____
_____
_____
_____
_____
_____
_____

24 DE FEVEREIRO

eu me sinto grato por

_____
_____
_____
_____
_____
_____
_____

25 DE FEREVEIRO

eu me sinto grato por

_____
_____
_____
_____
_____
_____
_____

26 DE FEVEREIRO

eu me sinto grato por

_____
_____
_____
_____
_____
_____
_____

27 DE FEVEREIRO

eu me sinto grato por

_____

_____

_____

_____

_____

_____

_____

28 DE FEVEREIRO

eu me sinto grato por

_____

_____

_____

_____

_____

_____

_____

MARÇO
CENTRE-SE E SEJA FELIZ

Corpo e Mente alinhados no seu limite. Um limite que vai sendo moldado ao longo do tempo. Podemos treinar esse alinhamento usando diversas práticas, técnicas ou esportes; um propósito maior pelo qual o processo pode ser muito divertido. Muitas pessoas vislumbram um caminho de transformação a percorrer como algo que lhes trará sofrimento. Mas isso não é uma regra.

Se por acaso você passar pelo sofrimento, será para obter o maior polimento possível da sua personalidade. Sabemos que praticar atividade física faz bem a saúde, devemos respeitar aqueles que gostariam de praticar e o corpo não permite ou restringe. Tentem algo que se adeque a sua realidade, mas não deixe a preguiça conduzir a sua vida. Pessoas que se autodesafiam e conseguem manter uma rotina de treinos passam a se sentir muito bem e a gostar dos resultados. Muitas vezes obstáculos podem ser criados pela mente, como, por exemplo, se comparar a pessoas que podem já ter anos de treino. Porém, até mesmo essa frustração, essa raiva, o medo, a insegurança, a ansiedade ou outros sentimentos que podem vir à tona durante sua prática física, representam algo que existe dentro de você e que está se manisfestando em outras áreas da sua vida.

Ao conseguir ultrapassar esses sentimentos você se supera e avança em diversos aspectos. O seu próximo passo é transpor esses resultados para o cotidiano, melhorando, assim, o seu posicionamento, suas tomadas de decisões e evoluindo sua inteligência emocional. Treino físico traz dor muscular que não é sofrimento, é superação. Pode ter certeza de que os resultados refletirão na sua vida e na sua felicidade. E a sua felicidade é, no mínimo, a felicidade dos que estão a sua volta.

*A gratidão transforma
um reconhecimento em celebração.*

Juliana De' Carli

1 DE MARÇO

eu me sinto grato por

_____
_____
_____
_____
_____
_____
_____
_____

2 DE MARÇO

eu me sinto grato por

_____
_____
_____
_____
_____
_____
_____
_____

3 DE MARÇO

eu me sinto grato por

_____

_____

_____

_____

_____

_____

_____

4 DE MARÇO

eu me sinto grato por

_____

_____

_____

_____

_____

_____

_____

5 DE MARÇO

eu me sinto grato por

_____
_____
_____
_____
_____
_____
_____

6 DE MARÇO

eu me sinto grato por

_____
_____
_____
_____
_____
_____
_____

7 DE MARÇO

eu me sinto grato por

---

8 DE MARÇO

eu me sinto grato por

9 DE MARÇO

eu me sinto grato por

_____
_____
_____
_____
_____
_____
_____
_____

10 DE MARÇO

eu me sinto grato por

_____
_____
_____
_____
_____
_____
_____
_____

11 DE MARÇO

eu me sinto grato por

---

12 DE MARÇO

eu me sinto grato por

---

13 DE MARÇO

eu me sinto grato por

_____
_____
_____
_____
_____
_____
_____
_____

14 DE MARÇO

eu me sinto grato por

_____
_____
_____
_____
_____
_____
_____
_____

15 DE MARÇO

eu me sinto grato por

_____
_____
_____
_____
_____
_____
_____

16 DE MARÇO

eu me sinto grato por

_____
_____
_____
_____
_____
_____
_____

17 DE MARÇO

eu me sinto grato por

_____
_____
_____
_____
_____
_____
_____
_____

18 DE MARÇO

eu me sinto grato por

_____
_____
_____
_____
_____
_____
_____
_____

19 DE MARÇO

eu me sinto grato por

_____
_____
_____
_____
_____
_____
_____

20 DE MARÇO

eu me sinto grato por

_____
_____
_____
_____
_____
_____
_____

21 DE MARÇO

eu me sinto grato por

___
___
___
___
___
___
___

22 DE MARÇO

eu me sinto grato por

___
___
___
___
___
___
___

23 DE MARÇO

eu me sinto grato por

_____
_____
_____
_____
_____
_____
_____

24 DE MARÇO

eu me sinto grato por

_____
_____
_____
_____
_____
_____
_____

25 DE MARÇO

eu me sinto grato por

_____
_____
_____
_____
_____
_____
_____

26 DE MARÇO

eu me sinto grato por

_____
_____
_____
_____
_____
_____
_____

27 DE MARÇO

eu me sinto grato por

_____
_____
_____
_____
_____
_____

28 DE MARÇO

eu me sinto grato por

_____
_____
_____
_____
_____
_____

29 DE MARÇO

eu me sinto grato por

_____
_____
_____
_____
_____
_____
_____

30 DE MARÇO

eu me sinto grato por

_____
_____
_____
_____
_____
_____
_____

31 DE MARÇO

eu me sinto grato por

___
___
___
___
___
___
___

ABRIL
DÊ UM TEMPO A SI MESMO

Refletir sobre o que ou a que pode agradecer no seu dia a dia traz a percepção de momentos e de acontecimentos que poderiam passar despercebidos e que, na verdade, têm seu valor. Um dia tranquilo pode não ser lembrado futuramente, mas a paz que sentiu nele é de grande valia. Entrar em contato com a paz, conscientemente, aumenta a sua frequência. Portanto, até um dia que ao seus olhos pode ter parecido normal, pode se tornar especial dependendo da consciência que você coloca ao observá-lo. Faz esse exercício, se dê este tempo. Faz uma pausa para agradecer e sentir o fluxo de abundância do Universo. Experimenta se dar este momento: Agradeça e Sinta!

Agradeça a si mesmo por criar experiências fantásticas na sua vida.

Juliana De' Carli

1 DE ABRIL

eu me sinto grato por

_____
_____
_____
_____
_____
_____
_____

2 DE ABRIL

eu me sinto grato por

_____
_____
_____
_____
_____
_____
_____

3 DE ABRIL

eu me sinto grato por

_____
_____
_____
_____
_____
_____
_____

4 DE ABRIL

eu me sinto grato por

_____
_____
_____
_____
_____
_____
_____

5 DE ABRIL

eu me sinto grato por

_____
_____
_____
_____
_____
_____
_____

6 DE ABRIL

eu me sinto grato por

_____
_____
_____
_____
_____
_____
_____

7 DE ABRIL

eu me sinto grato por

_____
_____
_____
_____
_____
_____
_____

8 DE ABRIL

eu me sinto grato por

_____
_____
_____
_____
_____
_____
_____

9 DE ABRIL

eu me sinto grato por

_____
_____
_____
_____
_____
_____
_____

10 DE ABRIL

eu me sinto grato por

_____
_____
_____
_____
_____
_____
_____

11 DE ABRIL

eu me sinto grato por

___

12 DE ABRIL

eu me sinto grato por

13 DE ABRIL

eu me sinto grato por

_____
_____
_____
_____
_____
_____
_____

14 DE ABRIL

eu me sinto grato por

_____
_____
_____
_____
_____
_____
_____

15 DE ABRIL
eu me sinto grato por

_____
_____
_____
_____
_____
_____
_____

16 DE ABRIL
eu me sinto grato por

_____
_____
_____
_____
_____
_____
_____

17 DE ABRIL

eu me sinto grato por

_____
_____
_____
_____
_____
_____
_____

18 DE ABRIL

eu me sinto grato por

_____
_____
_____
_____
_____
_____
_____

19 DE ABRIL

eu me sinto grato por

---

20 DE ABRIL

eu me sinto grato por

---

21 DE ABRIL

eu me sinto grato por

_____
_____
_____
_____
_____
_____
_____

22 DE ABRIL

eu me sinto grato por

_____
_____
_____
_____
_____
_____
_____

23 DE ABRIL

eu me sinto grato por

_____
_____
_____
_____
_____
_____
_____

24 DE ABRIL

eu me sinto grato por

_____
_____
_____
_____
_____
_____
_____

25 DE ABRIL

eu me sinto grato por

_____
_____
_____
_____
_____
_____
_____

26 DE ABRIL

eu me sinto grato por

_____
_____
_____
_____
_____
_____
_____

27 DE ABRIL

eu me sinto grato por

_____
_____
_____
_____
_____
_____
_____

28 DE ABRIL

eu me sinto grato por

_____
_____
_____
_____
_____
_____
_____

29 DE ABRIL

eu me sinto grato por

___
___
___
___
___
___
___

30 DE ABRIL

eu me sinto grato por

___
___
___
___
___
___
___

MAIO

ACEITE QUEM VOCÊ É

Quando somos crianças desenvolvemos o nosso senso do "eu" a partir do contato com aquilo que percebemos nas pessoas. Isso ocorre num primeiro momento com a nossa mãe. Sem o toque dos pais, ou de alguém responsável, o bebê pode se sentir perdido, solto, já que para nos sentirmos pertencentes precisamos ter contato com a matéria, para que a repulsão dos elétrons nos dê a sensação do toque. Aprendemos a andar observando e treinando, a falar ouvindo e tentando, e a formar nossa imagem corporal no meio disso tudo, percebendo-nos no espaço... "Eu existo!". Quando criança, eu olhava para minha irmã pequenina com seus cabelos lisos e sedosos e, ao me olhar no espelho, achava que tinha algo de errado com o meu cabelo, pois não estava liso. Cresci penteando meu cabelo, alisando-o, sem perceber que não estava aceitando essa pequena diferença que existe entre eu e minha irmã, mas que faz parte de quem eu sou, faz parte do meu conjunto. Foi tão libertador quando simplesmente aceitei o que recebi. Olhei no espelho e me encontrei. Somos únicos e temos que entrar em contato com o nosso interior para perceber quem somos entre muitos. O meio nos influencia, mas devemos cuidar para não nos perder em meio a tantos únicos que compõem o Todo. Então, como você se vê? como você se enxerga por dentro e por fora?

Não reclame da vida para que as coisas se modifiquem positivamente. Viva em gratidão. Existem sempre pessoas numa situação pior do que aquela em que nos encontramos.

Johnny De' Carli

1 DE MAIO

eu me sinto grato por

_____
_____
_____
_____
_____
_____
_____

2 DE MAIO

eu me sinto grato por

_____
_____
_____
_____
_____
_____
_____

3 DE MAIO

eu me sinto grato por

_____
_____
_____
_____
_____
_____
_____

4 DE MAIO

eu me sinto grato por

_____
_____
_____
_____
_____
_____
_____

5 DE MAIO

eu me sinto grato por

_____
_____
_____
_____
_____
_____
_____

6 DE MAIO

eu me sinto grato por

_____
_____
_____
_____
_____
_____
_____

7 DE MAIO

eu me sinto grato por

___
___
___
___
___
___
___

8 DE MAIO

eu me sinto grato por

___
___
___
___
___
___
___

9 DE MAIO

eu me sinto grato por

_____
_____
_____
_____
_____
_____
_____
_____

10 DE MAIO

eu me sinto grato por

_____
_____
_____
_____
_____
_____
_____
_____

11 DE MAIO

eu me sinto grato por

_____
_____
_____
_____
_____
_____
_____

12 DE MAIO

eu me sinto grato por

_____
_____
_____
_____
_____
_____
_____

13 DE MAIO

eu me sinto grato por

_____
_____
_____
_____
_____
_____
_____

14 DE MAIO

eu me sinto grato por

_____
_____
_____
_____
_____
_____
_____

15 DE MAIO

eu me sinto grato por

_____
_____
_____
_____
_____
_____
_____

16 DE MAIO

eu me sinto grato por

_____
_____
_____
_____
_____
_____
_____

17 DE MAIO

eu me sinto grato por

___
___
___
___
___
___
___

18 DE MAIO

eu me sinto grato por

___
___
___
___
___
___
___

19 DE MAIO

eu me sinto grato por

_____

_____

_____

_____

_____

_____

_____

20 DE MAIO

eu me sinto grato por

_____

_____

_____

_____

_____

_____

_____

21 DE MAIO

eu me sinto grato por

_____
_____
_____
_____
_____
_____
_____

22 DE MAIO

eu me sinto grato por

_____
_____
_____
_____
_____
_____
_____

23 DE MAIO

eu me sinto grato por

_____
_____
_____
_____
_____
_____
_____

24 DE MAIO

eu me sinto grato por

_____
_____
_____
_____
_____
_____
_____

25 DE MAIO

eu me sinto grato por

_____
_____
_____
_____
_____
_____
_____
_____

26 DE MAIO

eu me sinto grato por

_____
_____
_____
_____
_____
_____
_____
_____

27 DE MAIO

eu me sinto grato por

_____
_____
_____
_____
_____
_____

28 DE MAIO

eu me sinto grato por

_____
_____
_____
_____
_____
_____

29 DE MAIO
eu me sinto grato por

_____
_____
_____
_____
_____
_____
_____

30 DE MAIO
eu me sinto grato por

_____
_____
_____
_____
_____
_____
_____

31 DE MAIO

eu me sinto grato por

___
___
___
___
___
___
___

JUNHO
REGUE SUAS AMIZADES

Ao completar três anos de mudança do Brasil para Portugal, parei e me lembrei de todo o processo que passamos desde o dia em que recebi o convite para essa mudança, ao qual tanto resisti no início, até a decisão final e tudo o que foi experienciado a seguir. Mudar de país é uma grande aventura, cheia de responsabilidades, de burocracias, de quebra de padrões e com muitas adaptações e desapegos necessários. No dia em que chegamos a Portugal, Léia e Júnior, um querido casal de brasileiros, foram nos recepcionar no aeroporto e fizeram uma fotografia de nós junto aos 15 volumes de malas e bolsas que trazíamos, distribuídos em dois carrinhos, onde um bebê de dois anos se equilibrava e se divertia por cima de um deles. Literalmente, esse casal estava lá para nos dar uma mão, eles foram ajudar, a mim e a meu filho, a atravessar a primeira rua em Portugal, já que meu marido já havia estado ali anteriormente. O casal nos acompanhou até um carro grande alugado, ajudaram a guardar as malas e nos deram um carinhoso "tchauzinho" enquanto partíamos em direção ao nosso novo destino, Fundão, a bela cidade das cerejas, no interior de Portugal.

Três anos depois este casal foi nos visitar durante a Feira do Livro, em Lisboa, e desta vez tivemos um bom tempo para um café da tarde. Quando, ao se despedir, novamente eles nos deram aquele carinhoso "tchauzinho", nossa memória afetiva agradeceu a oportunidade de podermos agradecer pela recepção la atrás recebida. Isso não tem preço. E assim o carinho cresce. Temos que estar abertos para a vida, para o novo, para as surpresas. É valioso sentir saudades, se sentir diferente e até mesmo a ser tratado diferente, está tudo bem em se sentir estrangeiro. Quando não nos permitimos quebrar nossos padrões, não damos chance para o novo entrar. Eu adoro proporcionar novas chances a mim mesma, pois sinto que com isso me redescubro a cada vez, e me reinvento, assim há crescimento e movimento na vida. Costumo dizer que renasci em Portugal, pois aqui uma nova descoberta se apresenta a cada dia. Foram inúmeros estudos, aprendizados e vivências que me ajudaram a estar muito mais próxima de quem eu sou. Encontrei a minha essência, sou mais eu. E tem mais por vir, tem tanta vida pela frente. Sou grata a todas as pessoas que fizeram e fazem parte desta história. Sou mesmo grata a Deus e a todos vocês. Família, parceiros, amigos, GRATIDÃO!

Ninguém vence sozinho. Tenha gratidão no coração
e reconheça prontamente aqueles que o ajudaram.

Johnny De' Carli

1 DE JUNHO

eu me sinto grato por

_____
_____
_____
_____
_____
_____
_____

2 DE JUNHO

eu me sinto grato por

_____
_____
_____
_____
_____
_____
_____

3 DE JUNHO

eu me sinto grato por

_____
_____
_____
_____
_____
_____
_____

4 DE JUNHO

eu me sinto grato por

_____
_____
_____
_____
_____
_____
_____

5 DE JUNHO

eu me sinto grato por

_____
_____
_____
_____
_____
_____
_____

6 DE JUNHO

eu me sinto grato por

_____
_____
_____
_____
_____
_____
_____

7 DE JUNHO

eu me sinto grato por

___

8 DE JUNHO

eu me sinto grato por

9 DE JUNHO

eu me sinto grato por

___
___
___
___
___
___
___

10 DE JUNHO

eu me sinto grato por

___
___
___
___
___
___
___

11 DE JUNHO

eu me sinto grato por

___

12 DE JUNHO

eu me sinto grato por

___

13 DE JUNHO

eu me sinto grato por

_____
_____
_____
_____
_____
_____
_____

14 DE JUNHO

eu me sinto grato por

_____
_____
_____
_____
_____
_____
_____

15 DE JUNHO

eu me sinto grato por

---

16 DE JUNHO

eu me sinto grato por

---

17 DE JUNHO

eu me sinto grato por

_____

_____

_____

_____

_____

_____

18 DE JUNHO

eu me sinto grato por

_____

_____

_____

_____

_____

_____

19 DE JUNHO

eu me sinto grato por

___

20 DE JUNHO

eu me sinto grato por

___

21 DE JUNHO

eu me sinto grato por

_____
_____
_____
_____
_____
_____
_____

22 DE JUNHO

eu me sinto grato por

_____
_____
_____
_____
_____
_____
_____

23 DE JUNHO

eu me sinto grato por

---

24 DE JUNHO

eu me sinto grato por

---

25 DE JUNHO

eu me sinto grato por

---

26 DE JUNHO

eu me sinto grato por

---

27 DE JUNHO

eu me sinto grato por

_____
_____
_____
_____
_____
_____
_____

28 DE JUNHO

eu me sinto grato por

_____
_____
_____
_____
_____
_____
_____

29 DE JUNHO

eu me sinto grato por

_____
_____
_____
_____
_____
_____

30 DE JUNHO

eu me sinto grato por

_____
_____
_____
_____
_____
_____

JULHO
ANCESTRALIDADE PRESENTE

Veja como são os sinais da vida... No dia 11/07/2018, durante uma semana em que decidi fazer um detox e não estava bebendo café, resolvi, no calor português, beber um chá em minha caneca do Ho'oponopono. Estava já com o chá no escritório quando meu filho entrou com uma rolha na mão. Nossa coleção de rolhas tem uma particularidade, são todas assinadas pelas pessoas que compartilharam daquele vinho, com data, local e ocasião. Pasme, a rolha que ele trouxe datava de 11 de julho de 2014, comemoração de um ano do primeiro curso de Ho'oponopono, portanto, cinco anos após eu ter ministrado o primeiro curso.

Achei aquilo incrível, para mim, não há dúvidas de que algo maior fez com que Lorenzo encontrasse a rolha certa. Naquele momento senti o divino presente de poder agradecer o quinto ano completo compartilhando essa técnica maravilhosa, que contribui para correções espirituais de muitos e que aos poucos vai libertando nossa alma. Então resolvi escrever sobre isso. Enquanto estava ali concentrada, meu filho voltou e me fez uma pergunta sobre vulcões, e então pegou meu livro *Ho'oponopono, Mindfulness e Reiki*, abriu, apontou para a foto da Mornahh Simeona e perguntou: "O que essa mulher está fazendo aqui?"

Devemos mesmo estar atentos aos sinais. Mornahh Simeona, eu lhe agradeço por iniciar o processo de compartilhar o Ho'oponopono. Agradeço pelos sinais que me mostram que "está aí". É como uma autorização, também como um "sinal verde" de que estou fazendo o certo e de que devo continuar nesse caminho, dando continuaidade ao seu processo. Sinto muito! Me perdoe! Eu te amo! Sou grata!

Quem recebe um favor
nunca deveria se esquecer de ser grato.

Johnny De' Carli

1 DE JULHO

eu me sinto grato por

_____
_____
_____
_____
_____
_____
_____
_____

2 DE JULHO

eu me sinto grato por

_____
_____
_____
_____
_____
_____
_____
_____

3 DE JULHO

eu me sinto grato por

_____
_____
_____
_____
_____
_____
_____

4 DE JULHO

eu me sinto grato por

_____
_____
_____
_____
_____
_____
_____

5 DE JULHO

eu me sinto grato por

_____
_____
_____
_____
_____
_____
_____

6 DE JULHO

eu me sinto grato por

_____
_____
_____
_____
_____
_____
_____

7 DE JULHO

eu me sinto grato por

_____
_____
_____
_____
_____
_____
_____

8 DE JULHO

eu me sinto grato por

_____
_____
_____
_____
_____
_____
_____

9 DE JULHO

eu me sinto grato por

_____
_____
_____
_____
_____
_____
_____

10 DE JULHO

eu me sinto grato por

_____
_____
_____
_____
_____
_____
_____

11 DE JULHO

eu me sinto grato por

_____
_____
_____
_____
_____
_____
_____

12 DE JULHO

eu me sinto grato por

_____
_____
_____
_____
_____
_____
_____

13 DE JULHO

eu me sinto grato por

_____
_____
_____
_____
_____
_____
_____

14 DE JULHO

eu me sinto grato por

_____
_____
_____
_____
_____
_____
_____

15 DE JULHO

eu me sinto grato por

_____
_____
_____
_____
_____
_____
_____

16 DE JULHO

eu me sinto grato por

_____
_____
_____
_____
_____
_____
_____

17 DE JULHO

eu me sinto grato por

_____
_____
_____
_____
_____
_____
_____

18 DE JULHO

eu me sinto grato por

_____
_____
_____
_____
_____
_____
_____

19 DE JULHO

eu me sinto grato por

_____
_____
_____
_____
_____
_____
_____

20 DE JULHO

eu me sinto grato por

_____
_____
_____
_____
_____
_____
_____

21 DE JULHO

eu me sinto grato por

___

22 DE JULHO

eu me sinto grato por

23 DE JULHO

eu me sinto grato por

_____
_____
_____
_____
_____
_____
_____

24 DE JULHO

eu me sinto grato por

_____
_____
_____
_____
_____
_____
_____

25 DE JULHO

eu me sinto grato por

_____
_____
_____
_____
_____
_____
_____

26 DE JULHO

eu me sinto grato por

_____
_____
_____
_____
_____
_____
_____

27 DE JULHO

eu me sinto grato por

_____
_____
_____
_____
_____
_____
_____

28 DE JULHO

eu me sinto grato por

_____
_____
_____
_____
_____
_____
_____

29 DE JULHO

eu me sinto grato por

___
___
___
___
___
___
___

30 DE JULHO

eu me sinto grato por

___
___
___
___
___
___
___

31 DE JULHO

eu me sinto grato por

___
___
___
___
___
___
___

AGOSTO
CONEXÃO COM A LUZ

Uma conexão com a Inteligência Superior é essencial para uma vida com significado, coesa e feliz. Se você quer ser feliz em todas as áreas da sua vida, é importante saber que existe uma profundidade de entendimento em tudo o que vivemos, tudo tem um por que de existir, um por que de ser. Para enxergar assim, devemos sair de uma visão retraída e buscar uma visão expandida, e confiar no processo. Como diz meu pai "Deus escreve certo por linhas certas. Nós é que as enxergamos tortas." Conecte-se diariamente. A Luz está sempre presente, permita que ela se manifeste em sua vida, ore, sinta, confie. Busque-a dentro de si mesmo. A vida é a melhor escola.

Sou plenamente responsável por criar o meu universo físico tal como é. Sou 100% responsável por corrigir os meus pensamentos. Se os meus pensamentos são perfeitos, eles criam uma realidade física repleta de Amor.

Dr. Ihaleakala Hew Len

1 DE AGOSTO

eu me sinto grato por

_____
_____
_____
_____
_____
_____
_____

2 DE AGOSTO

eu me sinto grato por

_____
_____
_____
_____
_____
_____
_____

3 DE AGOSTO

eu me sinto grato por

_____

_____

_____

_____

_____

_____

4 DE AGOSTO

eu me sinto grato por

_____

_____

_____

_____

_____

_____

5 DE AGOSTO

eu me sinto grato por

---

6 DE AGOSTO

eu me sinto grato por

7 DE AGOSTO

eu me sinto grato por

___
___
___
___
___
___
___

8 DE AGOSTO

eu me sinto grato por

___
___
___
___
___
___
___

9 DE AGOSTO

eu me sinto grato por

---

10 DE AGOSTO

eu me sinto grato por

---

11 DE AGOSTO

eu me sinto grato por

_____
_____
_____
_____
_____
_____
_____

12 DE AGOSTO

eu me sinto grato por

_____
_____
_____
_____
_____
_____
_____

13 DE AGOSTO

eu me sinto grato por

___
___
___
___
___
___
___

14 DE AGOSTO

eu me sinto grato por

___
___
___
___
___
___
___

15 DE AGOSTO

eu me sinto grato por

_____
_____
_____
_____
_____
_____
_____

16 DE AGOSTO

eu me sinto grato por

_____
_____
_____
_____
_____
_____
_____

17 DE AGOSTO

eu me sinto grato por

_____
_____
_____
_____
_____
_____
_____

18 DE AGOSTO

eu me sinto grato por

_____
_____
_____
_____
_____
_____
_____

19 DE AGOSTO

eu me sinto grato por

___
___
___
___
___
___

20 DE AGOSTO

eu me sinto grato por

___
___
___
___
___
___

21 DE AGOSTO

eu me sinto grato por

_____
_____
_____
_____
_____
_____
_____

22 DE AGOSTO

eu me sinto grato por

_____
_____
_____
_____
_____
_____
_____

23 DE AGOSTO

eu me sinto grato por

_____
_____
_____
_____
_____
_____
_____
_____

24 DE AGOSTO

eu me sinto grato por

_____
_____
_____
_____
_____
_____
_____
_____

25 DE AGOSTO

eu me sinto grato por

___
___
___
___
___
___
___

26 DE AGOSTO

eu me sinto grato por

___
___
___
___
___
___
___

27 DE AGOSTO

eu me sinto grato por

___
___
___
___
___
___
___

28 DE AGOSTO

eu me sinto grato por

___
___
___
___
___
___
___

29 DE AGOSTO

eu me sinto grato por

_____
_____
_____
_____
_____
_____
_____
_____

30 DE AGOSTO

eu me sinto grato por

_____
_____
_____
_____
_____
_____
_____
_____

31 DE AGOSTO

eu me sinto grato por

_____
_____
_____
_____
_____
_____
_____

SETEMBRO
PERSEVERAR PARA CONQUISTAR

Às vezes você olha para algo, admira, deseja, mas se vê incapaz de ter ou de fazer aquilo. Mas quem disse que você é incapaz? Com certeza foi o ego, uma crença limitante, afinal, é tão mais fácil não conseguir.

Desistir é muito simples, é só continuar a não construir algo que pode se tornar uma meta, ou continuar onde está, sem mudar, sem se movimentar, sem se esforçar. A meta pode ser uma simples autossuperação. Mas qual seria o valor disso para o seu corpo físico, emocional, mental e espiritual? Impagável. Se você encontrar dentro de si mesmo uma força, uma automotivação ou um autodesafio, que vai alimentar seus desejos e trabalhar neles sem desrespeitar nem passar por cima de ninguém, respeitando o limite do outro, então estará de acordo com as Leis do Universo e, com certeza, vai se redescobrir, vai crescer e se realizar de verdade, e vai chegar perto da sua essência de amor, sentindo toda plenitude do ser. Esse gostinho especial é conquistado por meio da nossa energia, respeitando sempre a energia do Todo.

Para que a gratidão vibre, conecte-se com o sentimento verdadeiro através de si mesmo.

Juliana De' Carli

1 DE SETEMBRO

eu me sinto grato por

_____
_____
_____
_____
_____
_____
_____
_____

2 DE SETEMBRO

eu me sinto grato por

_____
_____
_____
_____
_____
_____
_____
_____

3 DE SETEMBRO

eu me sinto grato por

_____
_____
_____
_____
_____
_____
_____

4 DE SETEMBRO

eu me sinto grato por

_____
_____
_____
_____
_____
_____
_____

5 DE SETEMBRO

eu me sinto grato por

___
___
___
___
___
___
___

6 DE SETEMBRO

eu me sinto grato por

___
___
___
___
___
___
___

7 DE SETEMBRO

eu me sinto grato por

___
___
___
___
___
___
___

8 DE SETEMBRO

eu me sinto grato por

___
___
___
___
___
___
___

9 DE SETEMBRO

eu me sinto grato por

_____
_____
_____
_____
_____
_____
_____

10 DE SETEMBRO

eu me sinto grato por

_____
_____
_____
_____
_____
_____
_____

11 DE SETEMBRO

eu me sinto grato por

_____
_____
_____
_____
_____
_____
_____

12 DE SETEMBRO

eu me sinto grato por

_____
_____
_____
_____
_____
_____
_____

13 DE SETEMBRO

eu me sinto grato por

___

14 DE SETEMBRO

eu me sinto grato por

15 DE SETEMBRO

eu me sinto grato por

___

16 DE SETEMBRO

eu me sinto grato por

___

17 DE SETEMBRO

eu me sinto grato por

___

18 DE SETEMBRO

eu me sinto grato por

19 DE SETEMBRO

eu me sinto grato por

---

20 DE SETEMBRO

eu me sinto grato por

---

21 DE SETEMBRO

eu me sinto grato por

___
___
___
___
___
___
___

22 DE SETEMBRO

eu me sinto grato por

___
___
___
___
___
___
___

23 DE SETEMBRO

eu me sinto grato por

___

24 DE SETEMBRO

eu me sinto grato por

___

25 DE SETEMBRO

eu me sinto grato por

---

26 DE SETEMBRO

eu me sinto grato por

---

27 DE SETEMBRO

eu me sinto grato por

_____
_____
_____
_____
_____
_____
_____

28 DE SETEMBRO

eu me sinto grato por

_____
_____
_____
_____
_____
_____
_____

29 DE SETEMBRO

eu me sinto grato por

___

30 DE SETEMBRO

eu me sinto grato por

OUTUBRO
VIDA VIVIDA

Eu amo olhar um horizonte com história... O horizonte pode ser linear ou apresentar ondulações, tudo faz parte. É natural, é natureza, é vida! Tem altos, tem baixos, momentos melhores, momentos piores, lá na frente, olharemos para trás e veremos o nosso horizonte. Nossa história, com suas fases de exaltações, alegrias e angústias, os momentos de sorte e os percalços, isso tudo nada mais é que experiências, necessárias para evoluirmos. É tudo que atraímos, pois criamos novos resultados a partir de nossas dificuldades inconscientes.

Aprender a lidar com isso traz resolução e construção para sua alma. Procure agir agora de maneira que, lá na frente, ao olhar para traz, ao olhar o seu horizonte, com seus altos e baixos, com seus "doces ou travessuras?", bênçãos e desafios... você possa gostar da vida, gostar do natural, gostar da Natureza Humana Imperfeita e acreditar que fez tudo que podia ter feito e o melhor que conseguiu naquele momento.

O propósito da vida é retornar ao amor, momento
a momento. Para preencher este propósito
o indivíduo precisa reconhecer que ele é 100%
responsável por criar sua própria vida.

Dr. Ihaleakala Hew Len

1 DE OUTUBRO

eu me sinto grato por

___

2 DE OUTUBRO

eu me sinto grato por

___

3 DE OUTUBRO

eu me sinto grato por

_____
_____
_____
_____
_____
_____
_____
_____

4 DE OUTUBRO

eu me sinto grato por

_____
_____
_____
_____
_____
_____
_____
_____

5 DE OUTUBRO

eu me sinto grato por

_____
_____
_____
_____
_____
_____
_____

6 DE OUTUBRO

eu me sinto grato por

_____
_____
_____
_____
_____
_____
_____

7 DE OUTUBRO

eu me sinto grato por

___
___
___
___
___
___

8 DE OUTUBRO

eu me sinto grato por

___
___
___
___
___
___

9 DE OUTUBRO

eu me sinto grato por

10 DE OUTUBRO

eu me sinto grato por

11 DE OUTUBRO

eu me sinto grato por

_____
_____
_____
_____
_____
_____
_____

12 DE OUTUBRO

eu me sinto grato por

_____
_____
_____
_____
_____
_____
_____

13 DE OUTUBRO

eu me sinto grato por

---

14 DE OUTUBRO

eu me sinto grato por

---

15 DE OUTUBRO

eu me sinto grato por

___

16 DE OUTUBRO

eu me sinto grato por

___

17 DE OUTUBRO

eu me sinto grato por

___
___
___
___
___
___
___

18 DE OUTUBRO

eu me sinto grato por

___
___
___
___
___
___
___

19 DE OUTUBRO

eu me sinto grato por

___
___
___
___
___
___
___

20 DE OUTUBRO

eu me sinto grato por

___
___
___
___
___
___
___

21 DE OUTUBRO

eu me sinto grato por

_____
_____
_____
_____
_____
_____
_____

22 DE OUTUBRO

eu me sinto grato por

_____
_____
_____
_____
_____
_____
_____

23 DE OUTUBRO

eu me sinto grato por

___
___
___
___
___
___
___

24 DE OUTUBRO

eu me sinto grato por

___
___
___
___
___
___
___

25 DE OUTUBRO

eu me sinto grato por

___

26 DE OUTUBRO

eu me sinto grato por

___

27 DE OUTUBRO

eu me sinto grato por

---

28 DE OUTUBRO

eu me sinto grato por

---

29 DE OUTUBRO

eu me sinto grato por

_____
_____
_____
_____
_____
_____
_____

30 DE OUTUBRO

eu me sinto grato por

_____
_____
_____
_____
_____
_____
_____

31 DE OUTUBRO

eu me sinto grato por

_____
_____
_____
_____
_____
_____
_____

NOVEMBRO
INCENTIVO

Criar um filho vai além de suprir suas necessidades básicas, vai além de amar incondicionalmente, além de querer educar de acordo com os seus próprios valores. Claro que tudo isso é importante e essencial. Mas para formar uma pessoa forte, temos de saber desenvolver as capacidades inatas daquele ser. É especial conseguir enxergar seu filho como uma pessoa única com seus próprios valores, dons e necessidades. Conseguir respeitar o espaço do "eu" do outro, às vezes abdicando da sua própria opinião para aceitar o que ele quer para si mesmo, é imprescindível nesse momento em que está sendo criada a sua identidade. As crianças de hoje sabem o que querem, elas são mais decididas, pois já nascem num mundo com muita informação cognitiva, com muito estímulo. Meu filho é assim. Ele não hesita, ele decide e faz. Claro que temos de ensiná-lo a lidar e a gerir frustrações quando ele não consegue o que quer imediatamente e mostrar que existe um processo, um tempo certo para cada coisa. Certa vez Lorenzo nos pediu ajuda para escrever frases positivas, frases da cabeça dele, para juntar aos anéis de elástico que estava fazendo. Ele pediu para que nós o levasse na feira livre que acontece todos os sábados pela manhã em nossa cidade, pois gostaria de tentar vendê-las. Então nos unimos para ajudá-lo na produção e ter quantidade suficiente. No fim, tivemos, além das frases do Lorenzo, também as do priminho Matheus, da mamãe Ju, do papai Clayton e do vovô Johnny (estas retiradas do livro: *Mensagens de um Reiki Master*). Lorenzo vendeu os anéis para amigos, para pessoas de passagem e até para o fiscal da feira. A noite continuaram as vendas em uma festa de aldeia em Castelo Novo. Tivemos histórias engraçadas e interessantes com as mensagens.

Dou meus parabéns ao meu filho, que nos deixou muito orgulhosos! No que estiver ao meu alcance darei meu incondicional apoio para ele, sempre, nesta vida e até após ela. Te amo infinitamente. Gratidão por ser sua mãe!

Escolha agradecer a vida todos os dias.

Juliana De' Carli

1 DE NOVEMBRO

eu me sinto grato por

_____
_____
_____
_____
_____
_____
_____

2 DE NOVEMBRO

eu me sinto grato por

_____
_____
_____
_____
_____
_____
_____

3 DE NOVEMBRO

eu me sinto grato por

___

4 DE NOVEMBRO

eu me sinto grato por

___

5 DE NOVEMBRO

eu me sinto grato por

_____
_____
_____
_____
_____
_____
_____

6 DE NOVEMBRO

eu me sinto grato por

_____
_____
_____
_____
_____
_____
_____

7 DE NOVEMBRO

eu me sinto grato por

_____
_____
_____
_____
_____
_____
_____

8 DE NOVEMBRO

eu me sinto grato por

_____
_____
_____
_____
_____
_____
_____

9 DE NOVEMBRO

eu me sinto grato por

___

10 DE NOVEMBRO

eu me sinto grato por

___

11 DE NOVEMBRO

eu me sinto grato por

_____
_____
_____
_____
_____
_____
_____

12 DE NOVEMBRO

eu me sinto grato por

_____
_____
_____
_____
_____
_____
_____

13 DE NOVEMBRO

eu me sinto grato por

_____
_____
_____
_____
_____
_____
_____

14 DE NOVEMBRO

eu me sinto grato por

_____
_____
_____
_____
_____
_____
_____

15 DE NOVEMBRO

eu me sinto grato por

___

16 DE NOVEMBRO

eu me sinto grato por

___

17 DE NOVEMBRO

eu me sinto grato por

___
___
___
___
___
___
___

18 DE NOVEMBRO

eu me sinto grato por

___
___
___
___
___
___
___

19 DE NOVEMBRO

eu me sinto grato por

___

___

___

___

___

___

___

20 DE NOVEMBRO

eu me sinto grato por

___

___

___

___

___

___

___

21 DE NOVEMBRO

eu me sinto grato por

_____
_____
_____
_____
_____
_____
_____

22 DE NOVEMBRO

eu me sinto grato por

_____
_____
_____
_____
_____
_____
_____

23 DE NOVEMBRO

eu me sinto grato por

_____
_____
_____
_____
_____
_____
_____

24 DE NOVEMBRO

eu me sinto grato por

_____
_____
_____
_____
_____
_____
_____

25 DE NOVEMBRO

eu me sinto grato por

_____
_____
_____
_____
_____
_____

26 DE NOVEMBRO

eu me sinto grato por

_____
_____
_____
_____
_____
_____

27 DE NOVEMBRO

eu me sinto grato por

_____
_____
_____
_____
_____
_____

28 DE NOVEMBRO

eu me sinto grato por

_____
_____
_____
_____
_____
_____
_____

29 DE NOVEMBRO

eu me sinto grato por

_____
_____
_____
_____
_____
_____
_____

30 DE NOVEMBRO

eu me sinto grato por

_____
_____
_____
_____
_____
_____
_____

DEZEMBRO
SÓ POR HOJE SOU GRATA

Não é por acaso que esquecemos de onde viemos e que não sabemos para onde vamos. Esse conhecimento pode criar muita ansiedade e tirar o melhor que poderíamos ter... que seria aproveitar o que realmente temos em mãos, o MOMENTO PRESENTE. Aproveite cada minuto da sua vida, isso até pode não parecer valioso agora, mas um dia vai deixar muita saudade. Não há dinheiro que compre o tempo, não há nada que possa fazer para reaproveitar o momento que já passou. Até nos momentos que não são tão bons, podemos aprender muito e sermos melhores ao perceber a mensagem que há por de trás daquilo. Então vamos aproveitar o que há de essencial em cada momento que se apresenta e fazer deles o melhor que poderia ser. Fazendo nossos dias mais felizes, valorizados e brilhantes. Agradeça todos os dias pela oportunidade de viver e de se transformar.

Eu sou grato pela sua gratidão.

Clayton Debiasi

1 DE DEZEMBRO

eu me sinto grato por

_____
_____
_____
_____
_____
_____
_____

2 DE DEZEMBRO

eu me sinto grato por

_____
_____
_____
_____
_____
_____
_____

3 DE DEZEMBRO

eu me sinto grato por

_____
_____
_____
_____
_____
_____
_____

4 DE DEZEMBRO

eu me sinto grato por

_____
_____
_____
_____
_____
_____
_____

5 DE DEZEMBRO

eu me sinto grato por

___
___
___
___
___
___

6 DE DEZEMBRO

eu me sinto grato por

___
___
___
___
___
___

7 DE DEZEMBRO

eu me sinto grato por

_____
_____
_____
_____
_____
_____
_____

8 DE DEZEMBRO

eu me sinto grato por

_____
_____
_____
_____
_____
_____
_____

9 DE DEZEMBRO

eu me sinto grato por

___
___
___
___
___
___
___

10 DE DEZEMBRO

eu me sinto grato por

___
___
___
___
___
___
___

11 DE DEZEMBRO

eu me sinto grato por

_____
_____
_____
_____
_____
_____
_____

12 DE DEZEMBRO

eu me sinto grato por

_____
_____
_____
_____
_____
_____
_____

13 DE DEZEMBRO

eu me sinto grato por

___

14 DE DEZEMBRO

eu me sinto grato por

___

15 DE DEZEMBRO

eu me sinto grato por

_____
_____
_____
_____
_____
_____

16 DE DEZEMBRO

eu me sinto grato por

_____
_____
_____
_____
_____
_____

17 DE DEZEMBRO

eu me sinto grato por

___

18 DE DEZEMBRO

eu me sinto grato por

___

19 DE DEZEMBRO

eu me sinto grato por

___
___
___
___
___
___
___

20 DE DEZEMBRO

eu me sinto grato por

___
___
___
___
___
___
___

21 DE DEZEMBRO

eu me sinto grato por

___
___
___
___
___
___
___

22 DE DEZEMBRO

eu me sinto grato por

___
___
___
___
___
___
___

23 DE DEZEMBRO

eu me sinto grato por

___

24 DE DEZEMBRO

eu me sinto grato por

___

25 DE DEZEMBRO

eu me sinto grato por

_____
_____
_____
_____
_____
_____
_____

26 DE DEZEMBRO

eu me sinto grato por

_____
_____
_____
_____
_____
_____
_____

27 DE DEZEMBRO

eu me sinto grato por

___
___
___
___
___
___
___

28 DE DEZEMBRO

eu me sinto grato por

___
___
___
___
___
___
___

29 DE DEZEMBRO

eu me sinto grato por

_____
_____
_____
_____
_____
_____
_____

30 DE DEZEMBRO

eu me sinto grato por

_____
_____
_____
_____
_____
_____
_____
_____

31 DE DEZEMBRO

eu me sinto grato por

___
___
___
___
___
___
___

SOBRE O HO'OPONOPONO

Quando você sente que não está em paz ou em harmonia, significa que há algo a limpar. Entre em contato com seus sentimentos, não os negue. Eles estão aí para avisar que algo está errado. Nosso coração é um radar. Respeite-se, cuide-se, aplique o Ho' oponopono, aceite o que não se pode mudar.

Que o amor esteja sempre presente, permeando a nossa consciência. O amor, sobretudo ao Criador, traz o verdadeiro respeito por si mesmo e pelo próximo e tem o poder de transmutar as energias desnecessárias. Entre em contato com a força do amor que há dentro do seu ser, aquele sentimento profundo que sai aí do seu peito. Eleve sua vibração e seu poder.

Tudo tem um porquê de ser. Nada acontece por acaso, nem mesmo a existência. A autoanálise é fundamental para que possamos direcionar nossa intenção na correção de traços que tiram nosso brilho ou que nos impedem de irradiarmos Luz. Compartilhar a Luz da sua alma é agir de acordo com a sua missão. Tudo bem... você pode não se lembrar do que se propôs a fazer... mas sinta, busque, peça para ver o caminho. Olhe para si e para sua vida. E não se engane, não finja que não está vendo, não se entregue, não solte as rédeas da sua vida. Desistir é desperdiçar tempo nesta chance misericordiosa que é a de simplesmente VIVER.

ANOTAÇÕES